LES BAVARDS

L'idée des Bavards est empruntée au théâtre de Cervantes. M. Alphonse Royer, à qui l'on doit la première traduction française qui en ait été faite, nous a obligeamment permis de nous en servir pour quelques traits de l'auteur original que nous avons conservés.

On a fait de tout temps de si nombreuses imitations du théâtre espagnol qu'une de plus ne tire pas à conséquence. Nous tenions seulement à la constater et à reconnaître ce dont nous sommes redevables à l'auteur de Don Quichotte, et à son zélé traducteur.

LAGNY. — Imp. de A. VARIGAULT.

LES
BAVARDS

OPÉRA BOUFFE EN DEUX ACTES

PAROLES DE CHARLES NUITTER

MUSIQUE DE JACQUES OFFENBACH

Représenté pour la première fois, à Paris, sur le théâtre des
Bouffes-Parisiens, le 20 fevrier 1863

PARIS

BECK, LIBRAIRE

RUE DES GRANDS-AUGUSTINS, 20

1867

PERSONNAGES

ROLAND........................... Mme Ugalde.
SARMIENTO..................... MM. Pradeau.
CRISTOBAL, alcade.............. Désiré.
TORRIBIO, greffier.... .... Édouard.
BEATRIX, femme de Sarmiento..... Mlles Tostée.
INÈS, sa nièce................... Thompson.
PEDRO, domestique............... M. Walter.
UN MARCHAND DE CIGARES..... Mlles Simon.
UN BARBIER..................... Dalberg.
UN MULETIER .... Parent.
UN BOTTIER .... Taffanel.
Créanciers.

Nota. — MM. Brandus et Dufour, à Paris, boulevard des Italiens, 1, sont éditeurs de la partition française.

C. A. Spina, éditeur de la partition allemande, à Vienne.

DISTRIBUTION

ROLAND............... Contralto.
SARMIENTO............ Basse.
BEATRIX.............. Soprano.
INÈS................. Chanteuse légère.
CRISTOBAL............ Deuxième basse.

LES BAVARDS

ACTE PREMIER

Le théâtre représente une rue ; à droite, la maison de
Sarmiento.

SCÈNE PREMIÈRE.

ROLAND, Créanciers.

INTRODUCTION.

Roland traverse le théâtre en courant. Les créanciers arrivent derrière
lui au moment où il vient de se sauver par la droite.

CHŒUR.

Cherchons bien !
Cherchons bien !
Courens, courons vite !
Tous à sa poursuite,
Ne négligeons rien.
Comme un chasseur qui suit la trace,
En tous lieux, suivons ses pas ;
Pour un tel drôle, point de grâce,
Et qu'il ne s'échappe pas.

(Ils sortent, en courant, par le fond.)

ROLAND, revenant par le premier plan.

Vit-on jamais, par tous les diables,
Des créanciers plus intraitables,
Des gaillards plus infatigables
Poursuivre un pauvre débiteur.

(On entend du bruit.)

Ils reviennent! jour de malheur.

(Il se cache derrière un pilier.)
LES CRÉANCIERS, revenant.

Cherchons bien!
Courons, courons vite!
Tous à sa poursuite,
Ne négligeons rien...

De quel côté s'est-il enfui?
C'est par là! Non! c'est par ici!

REPRISE.

Cherchons bien! etc.
(Ils sortent vivement.)

SCÈNE II.

ROLAND.

Ils s'en vont! ce n'est pas malheureux. (Allant à droite.)
Voici le balcon de la beauté que j'adore! Inès!... Inès!...
Elle ne paraît pas... Sans doute son oncle est là! Au moins,
si pour prendre patience, je pouvais me régaler de quelque repas dans cette hôtellerie, comme au temps où l'on
m'y faisait crédit. Par la cape de mes ancêtres, il serait
plaisant, pendant que l'aubergiste est à ma poursuite,
d'attendrir sa servante, la vieille Séraphine. (Allant à gauche.)
Séraphine! charmante et jeune Séraphine! Elle ne ré-
pond pas, elle m'aura reconnu! (Allant à droite.) Inès! Iné-
sille. (Allant à gauche.) Séraphine! Séraphinette!... Rien
d'un côté ni de l'autre, ça ne peut pas durer comme ça!

I

Sans aimer, ah! peut-on vivre?...
Peut-on vivre sans manger?...
Un cruel destin me livre
A ce terrible danger
Ah! vraiment, c'est grand dommage,
Je ne sais dans mon malheur,
Si je souffre davantage

De l'estomac ou du cœur!
        Hélas! hélas!
    Nui ne vient, hélas!
    On ne répond pas.
Faut-il donc que je renonce,
A la cuisine, aux amours;
        Adieu pour toujours
            Mes amours!

II

Il n'est plus de promenade
Qui, pour moi, soit sans frayeurs,
Et je crains quelque embuscade,
De mes nombreux fournisseurs ;
Si leur troupe ne m'arrête,
Si j'échappe a ces truands,
De ma verve de poëte
Ils arrêtent les élans.
        Helas! hélas! etc.

Rien! Ah! si l'amour ne me retenait pas... Il y a long-temps que j'aurais quitté le pays... Eh bien, non! il ne sera pas dit que Roland ait abandonné la partie. En dépit de tous les obstacles je pénétrerai dans cette maison, et je saurai conquérir ma charmante Inès.

SCÈNE III.

ROLAND, INÈS.

INÈS, paraissant à la porte.

Psst !...

ROLAND.

C'est elle! ô radieux soleil de mes rêves! qui viens il-luminer la nuit de mon impatience.

INÈS.

Chut!... J'ai pu m'échapper un moment, ma tante est sortie, mon oncle s'est enfermé dans sa chambre pour y compter de l'argent.

ROLAND.

Agréable occupation!

INÈS.

Pas tant, car il s'agit pour lui de payer une amende à
laquelle il a été condamné à la suite d'une querelle... il
a si mauvais caractère!...

ROLAND.

Et, c'est ce dont j'enrage... Depuis quinze jours, qu'un
regard de ces beaux yeux a incendié mon cœur, à peine
ai-je pu vous entrevoir quelquefois... et vous m'avez dit
que si je me déclarais à vos parents, ils me mettraient à la
porte.

INÈS.

Ah ! sûrement.

ROLAND.

N'y a-t-il donc aucun moyen de les fléchir?

INÈS.

Ah! si vous étiez riche !...

ROLAND.

Je ne peux pas manquer de l'être prochainement ; j'ai
un oncle opulent dont je suis le seul héritier, et...

INÈS.

Il est donc bien vieux?

ROLAND.

Il a trente ans.

INÈS.

Eh bien... alors...

ROLAND.

Justement, c'est un garçon qui ne se ménage pas, qui
se bat en duel, qui court les aventures; autant de chances
de plus... tandis qu'un octogénaire se soignerait, se dor-
loterait... ce serait bien plus long...

INÈS.

Vous croyez?

ROLAND.

» C'est bien connu, tous les vieillards meurent très-vieux.
Il n'y a que les jeunes gens qui aient la chance de mourir
jeunes.

INÈS.

C'est égal, je ne crois pas que ces raisons là touchent
beaucoup mon oncle et sa femme.

ROLAND.

Ce sont donc des gens bien terribles !

INÈS.

Je crois bien.

COUPLETS.

Ce sont d'étranges personnages ;
Ce serait un grand malheur,
Si tous les ménages
Ressemblaient au leur.

I

Le mari gronde, gronde,
Se fâchant pour un rien ;
Il n'est pas d'oncle au monde
Plus grognon que le mien.
Bien que monsieur prétende
Avoir toujours raison,
Sa femme lui commande
Et règne à la maison.

ROLAND.

Elle règne !...

INÈS.

A la maison.

Vous voulez connaître
Ce mari charmant ;
Et, sans rien omettre,
Ce portrait frappant,
Vous donne à la lettre
Son signalement.

II

La femme cause, cause,
Et sans jamais céder,
Ne fait nulle autre chose
Que toujours bavarder.
C'est sa voix qui résonne
Chez nous à tout moment :

Je crois, Dieu me pardonne!
Qu'elle parle en dormant.

ROLAND.

Elle parle...

INÈS.

En dormant.
Vous voulez connaître
Ce couple charmant,
Et, sans rien omettre, etc.

DUETTO.

INÈS.

Et maintenant, il faut que je vous quitte!

ROLAND.

O doux instants passés, hélas, trop vite!

INÈS.

Séparons-nous, on peut venir soudain.

ROLAND, la retenant.

Écoutez ce bruit argentin!

INÈS.

Je connais ce bruit argentin ;
Là-haut, c'est mon oncle qui compte
La somme à laquelle se monte
L'amende que, dans un instant,
Il lui faudra payer comptant.

ENSEMBLE.

INÈS.

C'est lui qui compte son argent!

ROLAND.

Pas de crainte qu'il survienne!

INES.

Causons sans gêne... en attendant.

ROLAND.

Tous deux causons tendrement;
Ah! quel bonheur!

INÈS.

Soyez prudent!

ROLAND.

Ici nul ne peut nous entendre.

INÈS.

Mais si l'on allait nous surprendre.

REPRISE.

INÈS.

C'est lui qui, etc.

ROLAND.

O chère Inès, que je t'embrasse encore

INÈS.

Non, vos baisers font trop de bruit.

ROLAND.

Partages-tu l'ardeur qui me dévore?

INÈS.

Même tendresse nous unit.

ROLAND, écoutant.

Il compte encor, rien ne nous presse!

INÈS.

Ah! s'il pouvait compter sans cesse!

ROLAND.

Heureux transports!

INÈS.

     Ah! quelle ivresse!
O doux moments!

ROLAND.

Pour deux amants...

INÈS.

L'heure pourtant se passe.

ROLAND.

Ah! reste encore, de grâce!
Nous avons bien le temps. (*bis*).

REPRISE.

C'est lui qui compte son argent! etc.

VOIX DE SARMIENTO, au dehors.

Inès! Inès!

INÈS.

Mon oncle!... ah! qu'il ne nous voie pas ensemble!

ROLAND.

Je disparais. (Il se cache derrière le mur.)

SCÈNE IV.

SARMIENTO, INÈS.

SARMIENTO.

Eh bien, mademoiselle, qu'est-ce que vous faites dans la rue?

INÈS.

Je prenais le frais, mon oncle.

SARMIENTO.

Une jeune fille ne doit jamais rien prendre sans l'autorisation de ses parents. Allons, rentrez. (A lui-même) Qu'est-ce que ma femme dirait?... C'est pour le coup qu'elle parlerait pendant une heure!... Allons!... j'ai à sortir, rentrez, que je vous enferme.

INÈS.

Oui, mon oncle. (Roland passe la tête sans être vu de Sarmiento; Inès, en rentrant, lui envoie des baisers.)

SARMIENTO, les prenant pour lui.

Elle est gentille! (Il ferme la porte.)

SCÈNE V.

SARMIENTO, puis BÉATRIX, et PEDRO, portant deux paniers.

SARMIENTO, fermant un sac qu'il tient.

J'ai bien mon compte... oui, deux cents ducats. Voilà pourtant ce que peut coûter un moment de vivacité. Le premier!... pour une malheureuse estafilade donnée à mon voisin Pérès, la justice m'a condamné à lui payer deux cents ducats!... Au fond, je ne les regrette pas, je voudrais même que l'estafilade fût plus large, dût-il m'en coûter le double... car je lui en voulais bien à ce bonhomme Pérès!... Enfin, il faut se contenter. (On entend parler vivement.) Eh! je crois reconnaître la voix de ma femme.

BÉATRIX entre en continuant de parler vivement à la cantonade.

Cela n'empêche pas que vous ne comprenez rien et que

j'ai raison, car... (Apercevant Sarmiento,) Ah! tiens, vous voilà?...

SARMIENTO.

Comment, à l'heure qu'il est, mon souper est encore dans ce panier?

BÉATRIX.

Je rentre à l'instant à la maison; je m'étais arrêtée un moment...

SARMIENTO.

A bavarder une heure, comme à l'ordinaire.

BÉATRIX.

Ah! mon Dieu! bavarder!... Je n'ai pas l'habitude de parler inutilement... Mais il est de ces choses qu'on ne peut entendre dire de sang-froid... C'est dona Scholastique, la gouvernante du chanoine Antonio, qui osait prétendre... oh!... j'en suis encore abasourdie!

SARMIENTO.

Finissons. Que prétendait-elle?

BÉATRIX.

Que, pour faire une salade, il faut mettre le vinaigre avant l'huile.

SARMIENTO.

C'est cela?... Bon! qu'importe!...

BÉATRIX.

Comment, qu'importe ... mais jamais cela ne s'est vu!... mais depuis qu'il se fait des salades...

SARMIENTO, l'interrompant.

Femme, l'heure se passe et le souper ne se fait pas!

BÉATRIX.

Mon Dieu! il se fera, ce souper... Pedro, portez tout cela à la cuisine. (Il sort.) Mais c'est vrai, quand j'entends dire des choses pareilles, je ne peux pas me retenir.. Le vinaigre avant l'huile!...

RONDEAU.

C'est bien reconnu,
J'eus toujours un bon caractère,
L'esprit peu têtu,
Quand je veux, je sais me taire;
Cherchez,

LES BAVARDS.

Demandez,
Courez partout le voisinage!
Et, si vous pouvez
Trouvez une femme plus sage.
Mais, dès qu'on s'entête,
Et que j'ai raison,
Il serait trop bête
De baisser le ton.
J'ai bon caractère, etc.
Certes, au fond, peu m'importe,
En de semblables débats,
Qui triomphe et qui l'emporte,
Et je ne m'en mêle pas.
Mais il faudrait être sotte,
Et d'un sang plus engourdi
Que celui d'une marmotte,
Pour ne pas répondre aussi.
Comme vous, du reste,
Je crains les bavards,
Et ce que je déteste
Ce sont ces traînards,
Qui font sur toute chose
D'éternels discours,
Et qui, lorsqu'on cause,
Seuls parlent toujours.
Gens qui, d'un ton toujours égal,
Parlent de tout, du bien, du mal,
Toujours de suite et sans jamais
Aller plus vite en leurs caquets ;
Et, quand on croit qu'ils sont au bout
Vous vous trompez, ce n'est pas tout.
Une heure entière,
Et sans repos,
Il faut se plaire
A leurs propos ;
Plus que tout le reste
e l'ai dit déjà,
Ah, que je déteste
Ces gens-là.

REPRISE.

C'est bien convenu, etc.

SARMIENTO.

Vous avez fini?... Il serait vraiment bien désirable que
je pusse dîner aujourd'hui.

BÉATRIX.

Oh! mon Dieu! vous dînerez!... Tenez, vous n'êtes pas
digne de la peine qu'on se donne pour vous.

SARMIENTO.

C'est entendu.

BÉATRIX.

Vous mériteriez d'être servi comme le chanoine Antonio.

SARMIENTÓ, la poussant.

Bien !

BÉATRIX.

Et qu'on vous mît le vinaigre avant l'huile.

SARMIENTO, la poussant toujours.

Bon ! je vais faire une course et je rentre à la maison;
faisons en sorte que tout soit prêt.

BÉATRIX.

Tout sera prêt!... C'est vrai, ne dirait-on pas... (Elle
rentre.)

SARMIENTO.

Je pourrai donc souper.

BÉATRIX, revenant.

Ah! mon Dieu!

SARMIENTO.

Qu'est-ce encore ?

BÉATRIX.

J'ai oublié les aubergines, votre plat favori !

SARMIENTO.

O femme !

BÉATRIX.

Je cours les chercher, c'est l'affaire d'un moment. (Elle
s'en va tout en parlant ; on entend sa voix qui se perd dans le lointain.)

SCÈNE VI.

SARMIENTO, puis CRISTOBAL et TORRIBIO.

SARMIENTO.

Eh bien, c'est toute la journée comme cela! Si j'avais cru la rencontrer, j'aurais pris le plus long, c'eût été le plus court... (Apercevant l'alcade.) Et mais, c'est le seigneur Cristobal, notre digne alcade, et son intelligent greffier Torribio.

CRISTOBAL.

Lui-même.

TORRIBIO.

Eux-mêmes.

SARMIENTO.

Salut!

CRISTOBAL.

Salut!

TORRIBIO.

Salut!

CRISTOBAL, à Torribio.

Assez!

SARMIENTO.

La santé de Votre Seigneurie est bonne?

CRISTOBAL.

Bonne... bonne... Malgré la température, il fait une chaleur!!..

SARMIENTO.

Je suis désolé que vous vous soyez dérangé, j'allais justement chez vous.

CRISTOBAL, l'interrompant.

Attendez... je parie que je sais pourquoi. Vous veniez me porter la somme fixée pour réparation du dommage causé par vous à votre voisin Pérès.

SARMIENTO.

En effet, c'est ce qui était convenu!...

CRISTOBAL.

J'ai deviné tout de suite, hein, quel tact!

TORRIBIO.

Quel flair!...

CRISTOBAL.

Assez !...

SARMIENTO.

Je serais même déjà depuis longtemps chez votre Seigneurie. — Mais, par malheur, j'ai rencontré ma femme en route. J'ai une femme bien bavarde, seigneur alcade ! c'est ce qui fait...

CRISTOBAL.

Attendez!... je parie que je devine!... Elle vous a retenu à causer... à parler d'une chose, d'une autre, etc. etc.

SARMIENTO.

Juste !

CRISTOBAL.

J'en étais sûr, hein, quel flair!

TORRIBIO.

Quel tact!...

CRISTOBAL.

Assez !... Moi aussi, seigneur, j'ai une femme qui passe tout son temps à bavarder.

TORRIBIO.

Ah! oui, nous avons une femme bien bavarde.

SARMIENTO.

Je vous plains, car...

CRISTOBAL.

Il n'y a pas moyen de placer un mot.

SARMIENTO.

Comme moi, et figurez-vous...

CRISTOBAL.

Si vous ouvrez la bouche, elle vous interrompt.

SARMIENTO.

Je connais ça d'autant plus que...

CRISTOBAL.

Et quand on croit qu'elle a fini, elle recommence.

SARMIENTO.

Ah ça! Mais lui aussi ne parle pas mal !

CRISTOBAL.

Vous dites?...

SARMIENTO.

Rien. Voici votre argent, deux cents ducats. Voilà ce que coûte un moment de vivacité, mais vous comprendrez cela ; ma femme venait de m'échauffer les oreilles... Enfin, c'est un peu cher...

CRISTOBAL.

Bah ! vous devez vous estimer heureux d'avoir eu affaire à moi !.. un autre n'eût pas tranché la question avec la même sagesse, la même adresse, la même délicatesse, la même...

TORRIBIO.

Finesse !

TOUS.

Quel alcade !

CRISTOBAL.

Quel tact!

TORRIBIO.

Quel flair !

CRISTOBAL.

Assez !

I

Partout on chercherait en vain
Un autre alcade plus malin,
Plus fin.
Nul ne m'attrape,
Et je réponds :
Que rien n'échappe
A mes soupçons!
Et chacun va disant :
Ah ! quel magistrat surprenant!
Quel alcade étonnant!
Persévérant!
Intelligent!

II

J'ai l'art de prendre un délinquant,
Sur le fait et même souvent
Avant.
Il n'est point d'homme plus exact;

On me renomme
Pour mon tact ;
Quel flair, quel tact !
Et chacun va disant : etc.

CRISTOBAL.

Allons, adieu!... il faut que j'achève ma tournée... je
suis sur la piste d'un certain drôle... qui ne m'échappera
pas... Votre charmante nièce se porte bien? la senora
est toujours alerte et pimpante? Que le ciel vous préserve
des fâcheux et des bavards... A votre prochaine affaire,
nous nous arrangerons encore pour le mieux! Mon Dieu!
une estafilade de temps en temps rompt la monotonie de
l'existence, et la sagesse des magistrats fait le reste. (Il s'en
va tout en parlant.)

REPRISE ENSEMBLE.
Ah ! quel magistrat! etc.

SCÈNE VII.

SARMIENTO, ROLAND.
SARMIENTO.

Eh bien ! c'est aussi un fort bavard dans son genre!
Enfin voilà une affaire faite!.. Rentrons à la maison.
Pourvu que ma femme ne se soit pas encore arrêtée à
causer en route! voilà une chose qui est bien à craindre.
ROLAND, après s'être assuré que l'alcade s'est éloigné, aborde Sarmiento
au moment où il va rentrer.
Pardon, seigneur chevalier.
SARMIENTO.
Que désirez-vous ?
ROLAND.
Couvrez-vous ou je ne dirai pas une parole.
SARMIENTO.
Je suis couvert.
ROLAND.
Seigneur! je suis un pauvre hidalgo ; quoique j'aie vu
des temps meilleurs, je suis nécessiteux; je viens d'en-
tendre que votre grâce a donné deux cents ducats à un

homme qu'elle a blessé; si c'est pour vous un divertissement, je viens me mettre à votre disposition et je vous demanderai pour cela cinquante ducats de moins que l'autre.

SARMIENTO.

Parlez-vous sérieusement? Croyez-vous qu'on fasse une telle blessure à quelqu'un, sans qu'il le mérite?

ROLAND.

Et qui le mérite plus que la pauvreté? quel sujet est plus digne d'exciter la haine et la colère? N'est-ce pas la pauvreté qui est cause des délits et des crimes, larcins, filouteries, abus de confiance, escroqueries, vols, meurtres, assassinats? — N'est-ce pas la pauvreté qui est cause du travail, cette plaie de la vie humaine... n'est-ce pas elle qui force les hommes à être douaniers, menuisiers, voituriers, charpentiers, chaudronniers, meuniers...

SARMIENTO.

Holà! holà!... comment, ce n'est pas assez de ma femme!... Par le diable! qui m'a envoyé cet homme, après avoir payé deux cents ducats à ce bavard d'alcade, pour cette balafre?...

ROLAND.

Balafre, avez-vous dit; c'est ce que donna Caïn à son frère Abel, quoiqu'à cette époque on ne connût pas les épées. Remarquez, en passant, que les blessures se font de deux manières, par trahison et par jalousie. La trahison est un crime contre le roi; la jalousie, contre les égaux. On fait des blessures avec des dagues, des hallebardes, flèches, pistolets, arquebuses...

SARMIENTO.

Que voulez-vous, enfin?

ROLAND.

Seigneur, je vous l'ai dit, je suis pauvre, et si vous voulez prendre la peine de compter tous les pauvres célèbres, depuis Job... qui...

SARMIENTO.

Non, ne les comptons pas!...

DUO.

ENSEMBLE.

SARMIENTO.
Quel bavard insupportable!
Quel discours interminable!
En vérité,
Cet entété,
Est un parleur bien effronté!
ROLAND.
Non, rien n'est moins supportable!
Non, rien n'est plus condamnable!
En vérité,
La pauvreté,
Est bien contraire à la gaîté!
SARMIENTO.
Je...

ROLAND, l'interrompant.
Sans argent, que peut-on sur la terre?
SARMIENTO.
Quand...

ROLAND, de même.
Comptez bien, il en faut pour tout faire.
SARMIENTO.
Ne...

ROLAND, de même.
Ce métal est toujours nécessaire.
SARMIENTO.
Où...

ROLAND, de même.
Il en faut pour payer le traiteur.
SARMIENTO.
C'est...

ROLAND, de même.
Il en faut quand on est locataire.
SARMIENTO.
Ah!...

ROLAND, de même.
Pour offrir à son propriétaire.

SARMIENTO.

Mais...

ROLAND, de même.

Il en faut pour payer un notaire.

SARMIENTO.

Vous...

ROLAND, de même.

Il en faut pour payer le traiteur.

SARMIENTO.

Les...

ROLAND.

Il en faut pour donner un salaire.

SARMIENTO.

Ciel!...

ROLAND.

Au barbier comme à l'apothicaire.

SARMIENTO.

Vos...

ROLAND.

Il en faut pour le vétérinaire.

SARMIENTO.

Comme...

ROLAND.

Il en faut pour payer le tailleur.
C'est vraiment bien évident,
Et ce proverbe éloquent :
Pas de suisse sans argent,
A tout peuple également,
Soit Français, soit Allemand,
Espagnol ou Turcoman,
Catholique ou musulman,
S'applique indifféremment.

SARMIENTO.

Cessez, de grâce,
Ou bien, ma foi !
Je vous cède la place ;
Un seul instant écoutez-moi.

ROLAND.

Je vous écoute.

SARMIENTO.

Vous pouvez m'obliger, je crois.

ROLAND.
Pour vous, que faut-il que je fasse?
SARMIENTO.
Écoutez-moi :

I

Le sort m'a fait
Choisir une femme,
Au babil indiscret,
Qui jamais ne se tait.
Par son caquet,
Sachez que la dame,
A toujours m'étourdir
Paraît se divertir.
ROLAND.
Certes, je blâme
Pareille femme.
SARMIENTO.
A m'étourdir
Elle met son plaisir.

II

Vous avez l'art
Qu'il faut pour bien faire
On n'a vu nulle part
Un mortel plus bavard.
Si, par hasard,
Vous la faisiez taire,
Aucun don ne pourrait
Acquitter ce bienfait.
ROLAND.
La faire taire !
C'est une affaire.
SARMIENTO.
Rien ne pourrait
Payer un tel bienfait!
C'est ce bienfait que de vous je réclame.
ROLAND.
Vous obliger est mon unique loi.

SARMIENTO.

Venez faire taire ma femme.

ROLAND.

Chez vous! Ah! quel honneur pour moi!

SARMIENTO.

Allons, venez dans ma demeure.

ROLAND.

Je vous suis, je n'hésite pas!

SARMIENTO.

Je veux vous y voir à toute heure!

ROLAND.

Quoi! même à l'heure des repas?

SARMIENTO.

A l'heure des repas, sans doute!

ROLAND.

De grâce, montrez-moi la route?

SARMIENTO.

Allons, venez, suivez mes pas!

ENSEMBLE.

ROLAND.

Je la ferai taire,
    C'est bien certain ;
Ce sera l'affaire
    D'un tour de main.

SARMIENTO.

Il la fera taire,
    C'est bien certain
Ce sera l'affaire
    D'un tour de main.

ROLAND.

Dieu d'amour, tu combles mes vœux!
    Auprès de celle que j'aime
    Il va me conduire lui-même...
    Est-il un sort plus heureux!

REPRISE.

ROLAND.

Allons!...

SARMIENTO.

Ah!... mais, permettez... j'ai un scrupule... au moment de vous présenter à ma femme et à ma nièce... car j'ai aussi une nièce charmante!.. franchement, je crois peu convenable de vous amener sous ce costume.

ROLAND.

Vous trouvez qu'il n'est pas assez...

SARMIENTO.

Au contraire, je trouve qu'il est trop...

ROLAND.

Vous avez peut-être raison... Vous me prêterez un habit...

SARMIENTO.

Un habit, à moi, peut-être ne serait-il pas assez...

ROLAND.

Ou plutôt serait-il trop'...

SARMIENTO.

C'est bien possible. Venez chez le fripier voisin... je vais vous équiper de pied en cap... (On entend du bruit.)

ROLAND, regardant au fond.

Diable ! mes créanciers... (A Sarmiento.) Je vous suis... (Il passe par le premier plan.)

SARMIENTO.

Ne me suivez pas si vite... je ne vous rattraperai jamais...

ROLAND.

Donnez-moi le bras... (Il l'entraîne.)

SCÈNE VIII.

Les Créanciers, CRISTOBAL, TORRIBIO.

FINAL.

LES CRÉANCIERS.

Seigneur alcade,
Sous cette arcade,
En embuscade
Mettez-vous donc!
Oui, la justice
Veut qu'on saisisse,

Veut qu'on punisse
Un tel larron!

CRISTOBAL.

La paix! Quelle horde bruyante!
Jamais je n'eus si chaud, je crois.
Ouf! la chaleur est accablante!

LES CRÉANCIERS.

Il vous faut défendre nos droits!

CRISTOBAL, parlé.

Ne parlez pas tous à la fois... Plaignants, **exposez vos**
griefs... de qui vous plaignez-vous?...

PREMIER CRÉANCIER.

D'un intrigant, d'un nommé Roland...

TOUS.

Roland!...

CRISTOBAL.

Il m'est signalé... Que lui demandez-vous?

DEUXIÈME CRÉANCIER.

De l'argent qu'il nous doit.

CRISTOBAL.

Parfait!... *Jus persequendi quod sibi debetur,* comme il
est dit aux Instututes, livre...

TORRIBIO.

Quatre.

CRISTOBAL.

Titre...

TORRIBIO.

Six.

CRISTOBAL.

Assez!... donnez un siége à votre magistrat et dévelop-
pez votre plainte. Appelez!...

TORRIBIO, appelant.

Torbisco contre Roland!...

LE BARBIER.

C'est moi qui le rase, rase,
Et je le dis sans emphase,
Nul n'est mieux rasé vraiment :
Je lui frise la moustache,

Je le soigne sans relâche ;
Mais après point de paiement.
Notre fait
Est clair et net ;
Quand on doit, il faut qu'on paie.
Il n'est pas de loi plus vraie,
En deux mots, voilà le fait !

TORRIBIO, parlé.

Catalinon contre Roland!...

LE MARCHAND DE CIGARES.

C'est mon bien qu'il fume, fume,
Et le tabac qu'il allume
Est de bon tabac vraiment ;
Mais, comme des cigarettes,
En fumée, hélas ! ses dettes
S'envolent sans nul paiement.
Notre fait, etc.

TORRIBIO, parlé.

Berrocal contre Roland !...

LE BOTTIER.

C'est moi qui le botte, botte,
On le voit rien qu'à ma note.
Nul n'est mieux botté vraiment!
Mais j'ai beau dire et beau faire,
Je ne puis, pour mon salaire,
Obtenir un son vaillant!

TORRIBIO, parlé.

Bernadillo contre Roland !...

LE MULETIER.

Sur ma mule il trotte, trotte,
Et, plus fier que don Quichotte,
Partout il s'en va trottant.
Il prodigue les paroles ;
Mais le son de ses pistoles,
Jamais, hélas! ne s'entend.
Quand on trotte, en vérité,
Il faut bien après qu'on paie,
Et qu'on montre sa monnaie
Après avoir bien trotté !

TOUS.

Notre fait
Est clair et net :
Quand on doit, il faut qu'on paie ;
Il n'est pas de loi plus vraie,
En deux mots, voilà le fait.

(Ils s'aperçoivent que l'alcade s'est endormi sur son tabouret.)

PREMIER CREANCIER.

Tiens! il s'est endormi!...

TOUS, lui criant aux oreilles.
Vous nous avez bien entendu!
CRISTOBAL, s'éveillant.
De vos discours, rien n'est perdu.
LES CRÉANCIERS.
Eh bien, seigneur, que faut-il faire?
CRISTOBAL.
Il faut l'arrêter promptement.
TOUS.
Mais comment?
TORRIBIO.
Attendez un moment...
CRISTOBAL.
L'homme à qui vous avez affaire,
TORRIBIO.
Affaire.
CRISTOBAL.
Est d'un esprit fin et subtil.
TORRIBIO.
Subtil.
CRISTOBAL.
Dispersez-vous, et puis ensuite...
TORRIBIO.
Ensuite.
CRISTOBAL.
Au mot d'ordre accourez bien vite.
TORRIBIO.
Bien vite.
LES CREANCIERS.
Ce mot d'ordre quel sera-t-il?

CRISTOBAL, parlé.

Voyons... voyons... il faudrait quelque chose de mysté-
rieux... de...

TORRIBIO.

Ouf ! la chaleur est accablante !

CRISTOBAL.

Tiens, cet imbécile a raison ;
Ce mot d'ordre sera le nôtre.
Je crois qu'il en vaut bien un autre,
Et je le choisis sans façon.
Qu'à ce mot d'ordre, et sur-le-champ,
Chacun arrive au même instant ;
Pour échapper à votre alcade,
Il n'est vraiment aucun moyen.

LES CRÉANCIERS.

Plus de détours, plus de bravade ;
Nous le prendrons, cherchons-le bien.
Embusquons-nous, et, sans démordre,
Guettons-le bien, ne disons rien.
N'oublions pas notre mot d'ordre.
Guettons-le bien !

(Ils sortent.)

CRISTOBAL.

Et, maintenant, toutes les issues sont gardées, excepté
celle-ci... nous allons nous y mettre, c'est le poste d'honneur... je me le suis réservé... guettons !...

TORRIBIO.

Guettons !...

CRISTOBAL, s'endormant.

Heureuse la cité qui possède un magistrat tel que moi...
Veillons !...

TORRIBIO, s'endormant.

Veillons !...

SCÈNE IX.

LES MÊMES, SARMIENTO, ROLAND.

SARMIENTO, à Roland.

A présent vous avez tout à fait bonne mine. (On entend
au loin le chœur.) Tiens, une sérénade...

ROLAND, à part.

Je la connais!... la chanson des créanciers.

SARMIENTO, apercevant Cristobal.

Eh bien ! qu'est-ce qu'ils font donc là, devant ma porte?...

ROLAND.

Dieu !... l'alcade!...

SARMIENTO.

Il s'est endormi avec son greffier... Je vais...

ROLAND.

Oh ! non... ne les réveillons pas...

SARMIENTO.

Vous avez peut-être raison, il se mettrait encore à bavarder... (Il va ouvrir.)

ROLAND.

Mes créanciers qui me guettent là-bas... l'alcade qui sommeille... et l'amour qui m'attend là-haut... vivat!... (Il entre avec Sarmiento.)

CRISTOBAL et TORRIBIO, toujours endormis.

Veillons!... (On entend le chœur au loin.)

REPRISE DU CHOEUR.

FIN DU PREMIER ACTE.

ACTE DEUXIÈME

Le théâtre représente une terrasse; porte à gauche. Au fond
on arrive de l'extérieur par un escalier.

SCÈNE PREMIÈRE.

BÉATRIX.

I

Ah! quel métier que d'être femme!
J'ai couru par tout le marché;
C'est trop de zèle, sur mon âme!
J'ai marchandé, j'ai bien cherché;
Et, maintenant, il faut qu'on fasse
La cuisine à son cher époux,
Pour voir monsieur prendre sa place
Et vous faire encore la grimace,
Si tout n'est pas selon ses goûts.
  Ah! si l'on osait,
  Comme on parlerait,
  Comme on en dirait;
  Mais il faut se taire,
  Et, sans souffler mot,
  Souffrir sa misère,
  Voilà notre lot!
Taisons-nous, ne disons mot!

II

Les hommes sont d'étranges drôles :
Prêcheurs, avocats, procureurs;
Ils ont pris pour eux tous les rôles
Qui font briller les grands parleurs;
Puis, qu'une femme, par mégarde,
Dise en passant un mot ou deux,

> Les voilà criant qu'on bavarde,
> Et vous traitant de babillarde,
> Quand on parle cent fois moins qu'eux !
> Ah! si l'on osait, etc.

C'est qu'il faut se dépêcher: si tout n'était pas prêt quand mon mari rentrera, il dirait que j'ai perdu mon temps à bavarder, et Dieu sait... Eh bien, la table n'est pas encore préparée !... Inès !... où est-elle, cette étourdie! Inès ! On ne la voit jamais quand on en a besoin... Inès !... elle ne viendra pas... Inès !... Inès !... Inès !...

SCÈNE II.

BÉATRIX, INÈS.

INÈS, arrivant.

Ma tante! ma tante! ma tante!...

BÉATRIX.

Qu'est-ce que cette manière de répondre?

INÈS.

Je réponds comme vous appelez.

BÉATRIX.

Je vous trouve bien effrontée!... Apprenez, petite fille, que la retenue est la principale qualité de notre sexe.

INÈS.

C'est bien...

BÉATRIX.

Qu'une femme doit savoir écouter avec modestie ce qu'on lui dit.

INÈS.

Je m'en souviendrai.

BÉATRIX.

Et ne pas s'aviser de parler à tout propos.

INÈS.

C'est pour me dire tout cela que vous m'avez appelée?

BÉATRIX.

Non, mademoiselle, c'est pour vous dire de faire mettre le couvert. Quand un mari ne trouve pas le couvert mis à l'heure du souper, cela est cause qu'il s'impatiente.

INÈS.

C'est juste.

BÉATRIX.

Et quand il s'impatiente, cela est cause qu'il gronde sa
femme d'abord, et sa nièce ensuite.

INÈS.

Voilà une raison tout à fait déterminante.

BÉATRIX.

Allons, allons, ne raisonnons pas, et faites préparer
tout.

INÈS.

Pédro ! la table !

BÉATRIX.

D'autant plus que votre oncle peut rentrer d'un moment à l'autre.

INÈS.

Il est rentré déjà.

BÉATRIX.

Comment ?

INÈS.

Oui, je l'ai entendu ; il n'était pas seul ; il s'est enfermé
dans sa chambre avec quelqu'un.

BÉATRIX.

Ce quelqu'un, que veut-il ? quel est-il ?

INÈS.

Je n'en sais rien, je ne l'ai pas vu... Mais tenez, je les
entends...

SCÈNE III.

LES MÊMES, SARMIENTO, ROLAND.

SARMIENTO, à Roland.

Venez donc, mon cher ami, venez donc !

ROLAND, à part.

Enfin, me voilà auprès d'elle.

INÈS, l'apercevant. — A part.

Dieu ! c'est lui !...

SARMIENTO, à part.

Je lui ai bien fait sa leçon.

BÉATRIX.

Enchantée, senor, de faire votre connaissance.

ROLAND, à Béatrix.

Mille grâces! (Il salue Béatrix.)

SARMIENTO, à Béatrix.

C'est un de mes cousins que je vous présente.

INÈS.

Un cousin! comment cela peut-il se faire?

SARMIENTO.

Nous ne nous étions pas vus depuis longtemps. Je pense que vous lui réserverez un bon accueil.

BÉATRIX.

Mais certainement... Inès, un couvert de plus.

INÈS.

Oui, ma tante. (A part.) Qu'est-ce que cela veut dire? (Elle sort.)

SCÈNE IV.

SARMIENTO, ROLAND, BÉATRIX.

SARMIENTO.

Le seigneur Roland vient chercher une place à la cour. Nous le logerons en attendant.

BÉATRIX.

J'espère que le seigneur Roland se plaira auprès de nous, et que notre hospitalité lui conviendra. Elle est offerte de bon cœur... et...

ROLAND, l'interrompant.

Et acceptée de même, car l'hospitalité ne doit pas se refuser. C'est le lien des hommes; elle ne se mesure pas à ses effets, mais à la grâce avec laquelle elle est donnée et à la reconnaissance avec laquelle elle est accueillie.

BÉATRIX.

Certes, et...

ROLAND, l'interrompant.

Pour moi, je ne puis vous dissimuler que, dès à pré-

sent, je suis touché de votre bon accueil, et que je me
réiouis de trouver dans cette maison tout ce qui peut ré-
conforter l'âme et le corps. En effet, la grâce de votre
physionomie et le parfum de votre cuisine sont des in-
dices auxquels on ne saurait se tromper, et, de même
qu'on peut juger les penchants au regard, au jeu des pau-
pières, au moindre pli de la physionomie, de même, et
dès avant qu'on y ait goûté, on peut juger d'un bon plat
à l'arome qu'il exhale et aux senteurs dont il est accom-
pagné!...

BÉATRIX, effrayée.

Mon mari, quel homme m'avez-vous amené?

SARMIENTO.

Il ne faut pas y faire attention, il est comme cela.

ROLAND.

Et maintenant je suis impatient de savoir si je serai
agréé par la senora?

BÉATRIX.

Mais...

ROLAND.

Je hais la flatterie; si vous me trouvez laid, vous pouvez me le dire; si vous me trouvez beau, il est inutile de
m'en faire un mystère; si vous aimez danser, nous dan-
serons; si vous préférez chanter, nous chanterons. Bref,
vous me trouverez à toute heure prêt à vous plaire et à
vous servir.

BÉATRIX.

Ah! mon Dieu! il ne se taira jamais!

SCÈNE V.

LES MÊMES, INÈS, suivie de PEDRO, qui apporte une table servie.

PEDRO.

Le dîner est servi!

BÉATRIX.

Vite à table!... C'est le seul moyen de lui fermer la
bouche.

QUATUOR.

ENSEMBLE.

A table! à table! à table!
Un sage nous l'a dit :
Rien n'est plus détestable
Qu'un plat qui refroidit.

BÉATRIX.

Au repas qu'on vous donne,
Vous devez faire honneur.

ROLAND.

Votre cuisine est bonne,
J'en juge par l'odeur!

SARMIENTO, à part.

De lui pour que j'obtienne
Ce service éclatant,
Il importe qu'il prenne
Des forces en mangeant

ROLAND. mangeant comme quatre.

C'est excellent ! c'est excellent!

BÉATRIX.

Buvez, mangez tranquillement.

ENSEMBLE.

BÉATRIX.

Il a la bouche pleine.
De le calmer, sans peine,
J'ai trouvé le moyen.
J'ai réussi, j'espère !
Enfin, je l'ai fait taire,
Et je ne crains plus rien !

INÈS.

Il a la bouche pleine,
Enfin le sort l'amène,
Quel bonheur est le mien !
Pour tous deux, je l'espère,
Commence un sort prospère,
Et je ne crains plus rien!

SARMIENTO.

Il a la bouche pleine,
Laissons-le prendre haleine,

Quel bonheur est le mien
Ma femme, je l'espère,
Grâce à lui va se taire,
Et je ne crains plus rien!
SARMIENTO, bas à Roland.
Et maintenant je crois que, sans façons,
Il faut s'y mettre avant qu'elle commence.
Bavardons, mon cher, bavardons.
ROLAND.
Ne craignez rien !
BÉATRIX.
D'abord, de votre complaisance.
Noble seigneur, nous réclamons
La grâce de quelques chansons?
SARMIENTO.
Soit! Va pour la chanson, allons!

CHANSON.

ROLAND.

I

C'est l'Espagne qui nous donne
Le bon vin, les belles fleurs ;
C'est pour elle que rayonne
Un soleil plus chaud qu'ailleurs.
La fleur qui naît nous dit : Aimons!
Le vin vieilli nous dit : Buvons!
Vins vieux et fleurs naissantes,
Croyez ces voix charmantes.
Quand sur lui le temps se passe,
Le bon vin devient meilleur ;
Mais des fleurs l'éclat s'efface,
Cueillons-les dans leur fraîcheur!

II

C'est l'Espagne dont les femmes
Brillent par le plus d'attraits ;
Dans leurs yeux sont plus de flammes
Que de fleurs dans les bosquets.
La fleur qui naît, etc.

3

BÉATRIX.

Ah! c'est charmant!
C'est excellent!
A chanter nul ne vous surpasse:

SARMIENTO

Et, maintenant,
C'est le moment,
Parlez, de grâce!

BÉATRIX.

Mangez, de grâce!

CAUSERIE.

ROLAND.

Ah! quel repas sans égal!
Quel hôte libéral!
D'un accueil amical,
Voilà l'idéal.
Je préfère au plus beau bal,
Au plus doux madrigal,
Le plaisir cordial
D'un pareil régal.
Cette vaste terrine,
Où trônait l'aubergine,
Et ce piment moulu,
Ce lapin si dodu,
L'anguille frétillante,
Et le vin d'Alicante,
Et ce plat
De nougat,
Tout a fort bonne mine,
Et, plus on l'examine,
Enfin, votre cuisine
Est, de tout point, divine.
Ah! quel repas sans égal! etc.
Mais, quand on quitte la table,
Est-il donc un plaisir plus grand
Que de converser un moment?
Non, rien n'est plus agréable,
Et, comme disait mon aïeul,
Ce n'est permis qu'à l'homme seul;
Car sachez que la parole,

Est, en somme, un don capital!
Nous distinguant de l'animal,
   Ceci n'a rien de frivole,
Et, pour un esprit positif,
Mon calcul est démonstratif.
      Par effort de mémoire,
      On voit des perroquets,
      Dans leurs naïfs caquets,
      Vous demander à boire,
      Ou du rôt de mouton,
      Toujours du même ton;
      J'entendis même un phoque,
      Articuler : Papa!
      Mais ces accidents-là
      N'ont rien **que** d'équivoque,
      Et, sans dissimuler,
      L'homme seul sait parler ;
      Comme, à tout bien juger,
      L'homme seul sait manger!
Ah! quel repas sans égal!
   Quel hôte libéral!
   D'un accueil amical,
      Voilà l'idéal.
Je préfère au plus beau bal,
   Au plus doux madrigal,
      Le plaisir cordial
      D'un pareil régal.
   Voyez d'un cœur loyal
   L'élan sentimental ;
   Vraiment un tel régal
   Pour moi n'a rien d'égal!
   Ce vin de Portugal,
   Brillant dans le cristal,
   Ce festin peu frugal,
   Où le règne animal
   Se mêle au végétal,
   D'un accueil amical,
   C'est le pur idéal !
               ENSEMBLE.
            BÉATRIX.
J'étouffe de colère,

Son babil m'exaspère,
Il me fera bondir.
Auprès de lui j'enrage;
Semblable bavardage
Ne pourra-t-il finir.

INÈS.

Je vois ce qu'il veut faire,
Dans son projet, j'espère,
Il pourra réussir.
Grâce à ce bavardage,
Avant peu, je le gage,
Nous pourrons nous unir.

SARMIENTO.

Pour moi, la bonne affaire,
Car à la faire taire,
Il a su parvenir.
C'est en vain qu'elle enrage,
Et de son bavardage,
Rien ne peut l'affranchir

ROLAND.

Je ris de sa colère,
Car à me faire taire,
Qui pourrait parvenir.
C'est en vain qu'elle enrage,
Et de mon bavardage,
Rien ne peut l'affranchir.

BEATRIX.

Mon mari, emmenez cet homme, je n'y puis tenir!...

SARMIENTO.

Du tout, il fera ici ses sept ans!...

BÉATRIX.

Sept ans!...

SARMIENTO.

Pas un jour de moins!

BÉATRIX.

C'est indigne, c'est affreux! Oh! mais je préfère vous céder la place! Je me retire, monsieur... Inès, suivez-moi!

INÈS.

Mais ma tante...

BÉATRIX.

Allons, petite fille, viendrez-vous ! (A Roland.) Je...
vous... Ah ! c'est trop fort ! (Elle sort.)

SCÈNE VI.

ROLAND, SARMIENTO.

SARMIENTO.

Elles vont causer ensemble, mais cela m'est égal.
(A Roland.) Cher ami, vous devez avoir besoin de quelques
rafraîchissements, un peu d'orangeade, de limonade,
d'eau de grenade...

ROLAND.

Non ! c'est inutile !

SARMIENTO.

Il n'est pas même essoufflé ! c'est un homme infati-
gable ! que je suis content de l'avoir amené chez moi.

ROLAND, à part.

Et maintenant, je crois le moment favorable pour me
déclarer. (A Sarmiento) Je dois vous dire, mon cher hôte,
que...

SARMIENTO, l'interrompant.

Non ! non ! ménagez-vous, cher ami, maintenant que
ma femme n'est plus là, c'est inutile.

ROLAND.

Voici ce que j'ai à vous dire...

CRISTOBAL, au dehors.

Senor Sarmiento, êtes-vous là ?

SARMIENTO.

Tiens, c'est l'alcade !

ROLAND.

L'alcade ! je suis pris...

SCÈNE VII.

LES MÊMES, CRISTOBAL, TORRIBIO.

CRISTOBAL.

Me voici !

TORRIBIO.

Nous voici !

ROLAND. Cristobal et Torribio le saluent.

omme ils sont polis... Ah ! mon costume qui fait son effet. Du diable ! s'ils me reconnaissent. (Ils recommencent leurs salutations.)

SARMIENTO.

Eh bien ! seigneur, quel motif me vaut l'honneur de votre visite ?

CRISTOBAL.

Il m'est venu une idée...

TORRIBIO.

Il nous est venu une idée.

ROLAND, à part.

Tâchons de nous esquiver. (Il remonte.)

CRISTOBAL à Torribio.

Observe... observe. (A Sarmiento.) Je désire qu'en ma présence vous donniez la main à votre voisin Pérès pour prouver que vous êtes amis désormais.

SARMIENTO.

Soit, je n'ai pas de rancune, et dès demain !...

CRISTOBAL.

Non ! non ! tout de suite...

SARMIENTO.

Comme il vous plaira... je vous suis, ne vous fâchez pas... le temps de prendre ma canne, mon chapeau, et de m'habiller un peu.

SCÈNE VIII.

TORRIBIO, ROLAND, CRISTOBAL.

CRISTOBAL.

Hein ! quel adroit prétexte pour m'introduire ici... Tu as le signalement de notre homme ?

ROLAND, à part.

Ils m'observent ! jouons serré! (Il chantonne.)

TORRIBIO.

Bottes percées.

CRISTOBAL.

Il est dans ses petits souliers.

TORRIBIO.

Coudes troués.

CRISTOBAL.

Des crevés de satin.

TORRIBIO.

Feutre éventré.

CRISTOBAL.

Il est toqué.

TORRIBIO.

Signes particuliers... Tenue négligée.

CRISTOBAL.

Une élégance parfaite ! il me rappelle Don Juan que je n'ai jamais vu, mais dont j'ai beaucoup entendu parler. Interrogeons-le toujours. (Haut.) Il y a longtemps que votre Seigneurie est dans notre ville?

ROLAND.

Depuis ce matin je suis arrivé chez mon cousin Sarmiento.

CRISTOBAL.

Ah! c'est votre cousin? (Roland lui offre des gâteaux, il les mange tout en causant. Torribio essaye d'en attraper quelques miettes.) Comptez-vous faire un long séjour dans ce pays ?

ROLAND.

Certes. Je m'y plais beaucoup. La ville est admirablement tenue, et, en y entrant, on sent tout de suite qu'elle est administrée par un homme supérieur.

CRISTOBAL.

Il s'exprime fort bien... Je ne vous le cacherai pas plus longtemps... Cet homme supérieur... C'est moi...

TORRIBIO.

C'est nous!

CRISTOBAL.

Assez !

ROLAND.

Vraiment! Eh bien! Seigneur, puisque c'est à l'alcade que j'ai l'honneur de parler... je dois vous signaler un individu dont j'ai fort à me plaindre, un nommé Roland...

CRISTOBAL.

Ah! bah!

ROLAND.

Il me doit de l'argent... impossible d'en rien obtenir...

CRISTOBAL.

J'en sais quelque chose!...

ROLAND.

Je l'ai rencontré ce matin... Je lui ai rappelé notre dette et il m'a cherché querelle...

CRISTOBAL.

Voyez-vous çà?

ROLAND.

Ah! il ne regarde pas à un coup d'épée de plus ou de moins... C'est un gaillard.

CRISTOBAL.

C'est toi qui lui parleras en mon nom.

ROLAND.

Il m'a donné rendez-vous le long des remparts, du diable! si j'y vais.

CRISTOBAL.

Tu iras toi.

TORRIBIO.

Avec du renfort.

CRISTOBAL, à Roland.

Seigneur je suis ravi des renseignements que vous venez de me donner sur ce Roland; figurez-vous que je le cherche et qu'on prétendait qu'il s'était caché dans cette maison.

ROLAND.

Comme, c'est vraisemblable.

CRISTOBAL.

On ajoutait qu'il avait pris un déguisement.

ROLAND.

Avec vous, çà ne lui aurait pas servi à grand chose.

CRISTOBAL.

Oh! je sais à qui j'ai affaire... C'est un séducteur. Il a une belle passion qui l'amène dans ce quartier.

ROLAND.

Vraiment!

CRISTOBAL.

Je suis sûr qu'il fait la cour à quelque belle, quelque femme mariée.

SCÈNE IX.

LES MÊMES, SARMIENTO.

SARMIENTO, entrant vivement.

Hein ! Qui est-ce qui fait la cour à une femme mariée ?

CRISTOBAL.

Nous causons d'un nommé Roland.

SARMIENTO, à part.

Roland ! à qui en veut-il, serait-ce à ma femme ?

CRISTOBAL.

Je crois voir d'ici ce bon mari qui ne s'aperçoit de rien.

SARMIENTO.

Diantre ! ceci mérite réflexion.

CRISTOBAL.

Heureusement je suis là ! Allons, venez senor Sarmiento.

SARMIENTO, à part.

Le laisser seul chez moi avec un tel soupçon. (Haut.) J'aurais mieux aimé rester en compagnie de...

ROLAND.

Ne vous gênez donc pas, cher cousin, je vous attendrai.

CRISTOBAL.

Mais venez donc! c'est convenu, votre cousin vous attendra.

SARMIENTO.

Oui, mon cousin... (A part.) Que je ne connais pas!... Heureusement, Inès est avec ma femme...

CRISTOBAL.

Eh bien ?...

SARMIENTO.

Je vous suis. (A part.) Oh! je ne serai pas longtemp dehors !... (Cristobal, Torribio et Sarmiento sortent.)

ROLAND.

M'en voilà débarrassé ! (Il reste au fond en entendant la voix de Béatrix.)

SCÈNE X.

BÉATRIX, INÈS, ROLAND, au fond.

BÉATRIX, elle arrive en parlant.

Oui, mademoiselle, je veux que vous me montriez cette lettre.

INÈS.

Mais, ma tante !

BÉATRIX.

Je parie qu'il est question de quelque amourette ?

INÈS.

Oui, ma tante.

BÉATRIX.

Comment, mademoiselle ! Vous osez !...

INÈS.

Dame ! il paraît que c'est bien naturel, puisque vous avez deviné tout de suite.

BÉATRIX.

Qu'est-ce que c'est ! vous raisonnez, je crois... Aussi vous aimez quelqu'un, vous voulez vous marier... me laisser seule, sans que j'aie personne avec qui causer un moment ! Mais enfin, ce bel amoureux, quel est-il ?

ROLAND, se montrant.

C'est moi !

BÉATRIX.

Dieu !... mon bavard.

ROLAND.

Moi, qui viens vous demander la main de la senora Inès, votre nièce charmante, ici présente et consentante. J'ai dit, j'attends votre arrêt.

BÉATRIX.

Maudit parleur ! Quel démon te fait présenter encore devant moi !

ROLAND, la main sur son cœur.

L'amour !

INÈS.

L'amour ?

ROLAND.

Oui, l'amour le plus pur, le plus vif, le plus sincère.

BÉATRIX.

Te tairas-tu ?

ROLAND.

A une condition !

BÉATRIX.

Parle. Et si tu peux t'expliquer en deux mots, je t'accorde ce que tu demandes.

ROLAND, ouvre la bouche, la referme, puis dit, comme prenant une résolution énergique en montrant Inès.)

Sa main !...

BÉATRIX.

Tu veux l'épouser !

ROLAND.

Consentez, et je vous débarrasse de ma présence, sinon... comme votre mari vous l'a dit, je resterai ici, sept ans.

BÉATRIX.

Sept ans ! Ah ! pour l'éviter, je marierais toutes les nièces du monde. Mais, mon très-cher époux, consentira-t-il, lui ?

ROLAND.

Je m'en charge, après le service que je lui ai rendu.

BÉATRIX.

Quel service ?

ROLAND.

Eh bien ! de vous faire taire.

BÉATRIX.

De me faire taire ! C'est donc un complot ? Oh ! il me le payera.

ROLAND.

J'ai votre parole !

BÉATRIX.

C'est bon ! je veux me venger d'abord.

ROLAND.

C'est facile.

BÉATRIX.

Comment ?

ROLAND.

J'ai un moyen.

BÉATRIX.

Lequel?

ROLAND.

Ne rien dire !

TERZETTO.

ROLAND.

Taisons-nous ! pas un mot !
Procédons avec adresse !
Vous verrez, et bientôt,
L'effet de ma promesse !

BÉATRIX.

Agissons comme il faut !

ROLAND.

Comptez sur la vengeance !

BÉATRIX.

Il sera le plus sot !

ROLAND.

Mais, surtout, du silence !
Chut ! pas un mot.

ROLAND, à Béatrix.

Je m'en vais tout vous dire !
(Il lui parle à l'oreille.)

BÉATRIX.

Ah ! vraiment,
C'est charmant !

ROLAND, à Inès.

Laissez-moi vous instruire...
(Il lui parle à l'oreille.)

INÈS.

Ce projet
Est parfait !

ROLAND.

Mais, il faut du mystère !

BÉATRIX.

Oui, nous saurons nous taire !

ENSEMBLE.

Pas un mot !
Agissons avec adresse, etc.

ROLAND, se mettant à écrire.

Et maintenant pour achever, ce mot à l'alcade que votre laquais va lui porter.

BÉATRIX.

Tout de suite, (appelant.) Pedro ! (Le laquais paraît. — A Inès.) Inès, donnez-moi votre lettre !

ROLAND, écrivant sur des tablettes.

Ce mot au seigneur alcade. Tu le trouveras le long des remparts. Cet autre à son adresse... va, cours. (Pedro sort.) Tout est bien convenu.

INÈS.

Voici mon oncle !...

ROLAND, il veut entrer à gauche avec Inès.

Cachons-nous !

BÉATRIX.

Chacun d'un côté, s'il vous plaît. Inès votre lettre. (Elle se sépare.) Ah ! mon très-cher époux, vous voulez me faire taire ! A nous deux !

SCÈNE XI.

BÉATRIX, SARMIENTO.

SARMIENTO, entrant vivement.

Elle est seule ! j'ai peut-être eu tort de m'alarmer... Ah ! c'est vous, chère amie, tout est arrangé ; je viens de chez le gouverneur ; il n'y a plus à s'en inquiéter. (A lui-même, regardant Béatrix.) C'est merveilleux ! elle m'écoute sans m'interrompre, grand homme ! va... et moi qui le soupçonnais. (A Béatrix.) Cela m'a bien coûté un peu cher... Deux cents ducats... c'est un denier, n'est-ce pas ? (A lui-même.) Elle ne me contredit plus !... (A Béatrix.) Mais de la sorte, me voilà tranquille... cela vaut mieux, n'est-ce pas votre avis ? (Béatrix fait signe que oui.) Plus un mot ! c'est une cure incroyable !

BÉATRIX, à part.

Ah ! je parle trop !...

SARMIENTO.

Voyons, il n'est venu personne pendant mon absence ?

BÉATRIX.

Han !... hon!... han !...

SARMIENTO.

Hein ! que signifie?

BÉATRIX.

Han... hon... han...

SARMIENTO.

Ah! grand Dieu! elle ne peut plus parler... la colère l'a rendue muette, cela dépasse un peu le but que je m'étais proposé... Voyons... Béatrix?...

BÉATRIX.

Han... hon...

SARMIENTO.

Au diable ! (apercevant la lettre de Roland que Béatrix tient à la main.) Qu'est-ce que c'est que ça? une lettre? (Béatrix fait signe que oui.) Sans adresse... c'est pour moi? (Signe que non.) Pour Inès? (Même jeu.) Pour vous? (Signe que oui.) Eh bien, on s'y fait. (Regardant la lettre.) Eh! mais, c'est une lettre d'amour, une déclaration !... Ah! j'avais raison de m'alarmer! Comment cette lettre se trouve-t-elle ici? (Béatrix se livre à une pantomine animée.) Vous dites ?

BÉATRIX.

Han! hon!

SARMIENTO.

Je n'y comprends rien, j'ai dépassé le but... Cependant je tiens à savoir... Vous connaissez celui qui a écrit cette lettre? Vous savez où il demeure ? (Béatrix fait signe que oui.) Très-bien, où demeure-t-il ? (Elle lui fait signe de prendre sa canne et son chapeau.) Mon chapeau et ma canne ! (Il les prend.) Très bien! (Elle lui fait signe de marcher devant lui.) Je m'en vais droit devant moi. (Béatrix lui indique de prendre la rue à gauche, puis en face, puis à droite, etc.) Ah ! oui, va te promener ! Du diable ! si je m'y reconnaîtrai jamais... Enfin, vous l'avez vu ? (Signe que oui.) Que fait-il ! (Elle fait les gestes d'escrime d'un torréador.) Un torréador dans mon ménage. — Eh bien, qu'est-ce que vous lui avez dit ? Qu'est-ce que vous lui avez fait ? (Béatrix fait de grands gestes et finit par lui donner un soufflet.) Hein ? qu'est-ce que c'est? Ah ! vous lui avez donné un soufflet. (Béatrix fait signe que oui et va recommencer.) Bon !

vous lui en avez donné deux! bon ! C'est assez, j'ai compris ; décidément j'ai dépassé le but... Inès! Inès !

SCÈNE XII.

Les Mêmes, INÈS, puis ROLAND.

SARMIENTO.

Inès ! Inès! ah ! mon enfant, si tu savais! ta tante est muette ! (Inès fait des gestes d'étonnement.) Hein ! plaît-il? Mais voyons! parle ! pas un, mot! Muette aussi, comme ma femme! Comment! est-ce que ça se gagne ? A l'aide ! à moi! (Roland paraît.) Ah ! voilà mon homme ! C'est donc vous, séducteur effronté, qui venez porter le trouble dans ma maison ; j'ai des preuves. (Roland fait le geste qu'il ne sait.) Vous dites ? Rien ! Lui aussi !

SCÈNE XIII.

Les Mêmes, CRISTOBAL, TORRIBIO, puis les Créanciers.

SARMIENTO.

Ah ! seigneur alcade, vous arrivez bien... vous qui avez tant de tact, vous me ferez rendre justice. (Cristobal fait signe que oui.) Pardon, vous m'entendez bien?... (Signe que oui.) hein ! Et de quatre. (Torribio fait signe que oui.) Bonté divine, perds-je la tête? (L'alcade lui tend une lettre, Sarmiento la prend avec inquiétude et la lit. A lui-même.) Mon Dieu ! j'ai cru que j'étais muet aussi. (Il lit.) « Revenez, chez Sarmiento. Ne dites pas un mot, et je livre entre vos mains, l'homme que vous cherchez. » Ah ! bah ! Où est-il cet homme?

ROLAND.

C'est moi!

CRISTOBAL.

Lui ! je m'en doutais! qu'on l'arrête.

ROLAND.

Ce n'est plus nécessaire. Voilà ce que j'attendais. Écoutez. (Les créanciers arrivent par le fond, apportant, les uns les factures acquittées, sur des plats d'argent, les autres des plats dressés, des corbeilles de fleurs, etc.)

FINAL.

CHOEUR.

Vos factures acquittées,
Cher seigneur,
Sont par chaque fournisseur
Apportées!
Sur ce plat,
Oui, les voilà!

CRISTOBAL.

Mais? qu'est-ce que cela veut dire?

SARMIENTO.

Oui, expliquons-nous!

UN CRÉANCIER.

Le seigneur Roland nous a écrit que vous payiez toutes
ses dettes!

SARMIENTO.

Moi! allons donc!

DEUXIÈME CRÉANCIER.

C'est bien naturel, puisqu'il épouse votre nièce.

SARMIENTO.

Ma nièce!

TROISIÈME CRÉANCIER.

Oui, il nous a tout commandé pour le repas de noces.

SARMIENTO.

Ah ! bah!

ROLAND.

Consentez! Inès et moi, nous nous aimons!

SARMIENTO.

Ah! le billet doux était pour elle! J'aime mieux cela!...

BÉATRIX.

Et pour quelle autre pouvait-il être, s'il vous plaît?

SARMIENTO.

Tiens! ma femme n'est plus muette...

BÉATRIX.

Je sais me taire, quand je veux...

SARMIENTO.

C'est bon à savoir.

ROLAND, à Sarmiento.

Allons, un bon mouvement! une fois alliés... vous m'aurez toujours sous la main.

SARMIENTO.

C'est précieux, surtout maintenant qu'elle reparle. — C'est bien ! je payerai. (A l'alcade.) Je lui dois bien cela, c'est lui qui guérit ma femme de la manie de bavarder...

CRISTOBAL.

Ma femme aussi aurait bien besoin de lui.

ROLAND.

Eh bien ! nous nous arrangerons, j'irai dîner chez vous et je souperai ici.

CRISTOBAL.

Soit!

SARMIENTO.

C'est convenu...

BÉATRIX.

Va pour le souper... je me rattraperai le reste du temps

REPRISE DU CHANT.

ROLAND.

Il est un bruit plus doux encore,
   Que le bruit des tambourins,
   Que le bruit de la mandore!
   Gai signal de nos refrains,
C'est le doux bruit de vos bravos!
   Est-il de plus joyeux échos?
    Au gré de notre attente,
   Est-il voix plus charmante?

TOUS.

Applaudissez, et sans repos!
Est-il de plus joyeux échos?

FIN.

CHEZ G. BRANDUS ET S. DUFOUR, ÉDITEURS

103, RUE RICHELIEU, AU PREMIER

Répertoire des Bouffes-Parisiens

—

LES BAVARDS

OPÉRA BOUFFE EN DEUX ACTES

PAROLES DE CH. NUITTER

Musique de J. OFFENBACH

LA PARTITION POUR PIANO ET CHANT

FORMAT IN-8°. PRIX NET : 10 FR.

Airs détachés avec accompagnement de piano

PREMIER ACTE

	fr.	.
N° 1. CHOEUR. Cherchons, cherchons, cherchons bien!	»	»
2. ROMANCE. Sans aimer, ah! peut-on vivre?...	2	50
3. COUPLETS. Ce sont d'étranges personnages...	3	»
3 *bis*. DUETTO. Et maintenant il faut que je vous quitte....................	5	»
4. AIR de *la Bavarde* : C'est bien reconnu....	6	»
5. CHANSON. Partout on chercherait en vain....	3	»
6. DUO BOUFFE. Quel bavard insupportable....	7	50
7. FINAL. Seigneur alcade..................	»	»
7 *bis*. COUPLETS. C'est moi qui le rase, rase...	3	»

DEUXIÈME ACTE

8. COUPLETS. Ouf! quel métier que d'être femme!	3	»
9. QUATUOR. A table, à table!...............	»	»
10. CHANSON A BOIRE. C'est l'Espagne..........	4	50

fr.   c.

Nº 10 *bis.* La même transposée un ton plus haut... 4 50
10 *ter.* La même transposée deux tons plus haut. 4 50
11. Causerie. Ah! quel repas sans égal. ... » »
12. Romance. C'était pendant la mascarade. . 3 »

Quadrille par Arban. — Valse par Musard. — Polka par Marx. — Transcription facile pour le piano des morceaux chantés par Mme Ugalde : 5 francs.

PARTITIONS POUR PIANO ET CHANT

D'OUVRAGES JOUÉS AU THÉATRE DES BOUFFES-PARISIENS

Adam. Les Pantins de Violette............... net 6 fr.
Caspers. Dans la rue........................ — 5
Delibes. Deux Vieilles Gardes.............. — 6
Fétis. Le major Schlagmann.................. — 6
Flotow. Veuve Grapin .... — 6
Gastinel. L'Opéra aux Fenêtres.............. — 6
Jonas. Le Roi boit.......................... — 6
Mozart. L'Impresario........................ — 6
J Offenbach. Deux Aveugles................. — 2
— Deux Pêcheurs.................. — 3
— La Nuit blanche............... — 6
— La Rose de Saint-Flour........ — 6
— Tromb-al-ca-zar............... — 6
— Vent du soir................. — 6
— Mesdames de la Halle......... — 6

Arrangements, Quadrilles, Valses, Polkas pour le piano sur ces ouvrages.

Lagny. — Typographie de A. Varigault.